ARMAND EPHRAIM & ADOLPHE ADERER

L'Agneau sans tache

COMÉDIE EN UN ACTE EN PROSE

PARIS
PAUL OLLENDORFF, ÉDITEUR
28 *bis*, RUE DE RICHELIEU, 28 *bis*

1887

L'AGNEAU SANS TACHE

COMÉDIE EN UN ACTE

Représentée pour la première fois, à Paris, sur le théâtre national de l'Odéon
le jeudi 3 novembre 1887.

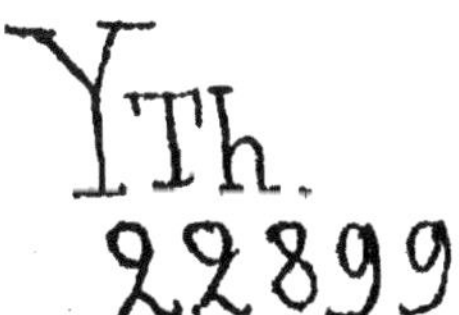

DES MÊMES AUTEURS

LA PREMIÈRE DU MISANTHROPE, comédie en un acte, en prose, (Odéon). In-18.

Il a été tiré à part dix exemplaires sur papier de Hollande numérotés à la presse 1 à 10.

IMPRIMERIE GÉNÉRALE DE CHÂTILLON-SUR-SEINE. — A. PICHAT

ARMAND EPHRAIM & ADOLPHE ADERER

L'Agneau sans tache

COMÉDIE EN UN ACTE EN PROSE

PARIS
PAUL OLLENDORFF, ÉDITEUR
28 *bis*, RUE DE RICHELIEU, 28 *bis*

1887

PERSONNAGES

LE MARQUIS.	MM.	COLOMBEY.
L'ABBÉ		SUJOL.
GASTON	Mlle	LETURC.
LA MARQUISE	Mlles	PANOT.
LISETTE		LYNNÈS.

La scène se passe en 1830.

Pour la mise en scène détaillée, s'adresser à M. Foucault, régisseur général du théâtre de l'Odéon.

L'AGNEAU SANS TACHE

La scène représente un salon ; à gauche, une table servie de café, thé, liqueurs. — A droite, un canapé.

SCÈNE PREMIÈRE

LE MARQUIS, LISETTE.

Au fond, sur un perron, l'abbé, la marquise, Gaston, tournant le dos à la scène et regardant dans le jardin. — Le marquis est étendu sur le canapé. — Lisette range les tasses, et place sur la table un jeu de trictrac.

LE MARQUIS.

Lisette !

LISETTE.

Monsieur le marquis ?

LE MARQUIS.

Il ne s'est rien passé pendant les huit jours de mon absence.

LISETTE.

Non, monsieur le marquis.

LE MARQUIS.

Tu comprends, quand on revient de voyage, on est bien aise d'être rassuré, et j'ai confiance en toi, Lisette.

LISETTE.

Monsieur le marquis est bien bon.

LE MARQUIS.

La marquise s'est toujours bien portée ?

LISETTE.

Mais oui, monsieur le marquis.

LE MARQUIS.

C'est que je la trouve un peu changée, un peu triste.

LISETTE.

Au contraire, madame a été très gaie durant tout le temps du voyage de monsieur le marquis.

LE MARQUIS.

Ah ! ah ! tant mieux !

LISETTE.

Il faut dire aussi que M. Gaston, le cousin de madame, qui est venu ici passer ses vacances, a tenu société à madame, bien gentiment.

LE MARQUIS.

Avec l'abbé ?

LISETTE.

Avec M. l'abbé. Tous les jours madame se promenait avec M. Gaston.

LE MARQUIS.

Et avec l'abbé ?

LISETTE.

M. l'abbé restait à travailler dans la bibliothèque. Tous les soirs madame faisait de la musique avec M. Gaston.

LE MARQUIS.

Devant M. l'abbé ?

LISETTE.

Devant M. l'abbé naturellement; mais M. l'abbé ne doit pas être très musicien, il s'endormait tout de suite.

LE MARQUIS.

C'est bien, Lisette ! c'est bien !... (A part.) Il me semble que l'élève de M. l'abbé n'a pas beaucoup quitté la marquise pendant mon absence !...

Lisette sort.

SCÈNE II

LE MARQUIS, L'ABBÉ, LA MARQUISE, GASTON.

L'ABBÉ, entrant.

La campagne est une chose bien agréable, surtout avec des hôtes si charmants. On mange de bon appétit !... on dort tranquille... Quel calme !...

Il s'installe commodément dans un fauteuil.

LA MARQUISE, *soupirant.*

Ah ! oui, quel calme !... Je suis sûr que Gaston s'ennuie à périr.

GASTON.

Oh ! ma cousine, moi m'ennuyer ! Jamais quand vous êtes là !...

LE MARQUIS, *à sa femme.*

Chère amie, vous savez que je ferais tout pour vous distraire. Voyons, marquise, une partie de trictrac.

LA MARQUISE, *se levant.*

J'ai ce jeu en horreur !

GASTON, *se levant.*

Moi aussi !...

LA MARQUISE.

J'aimerais mieux un peu de musique... Voici justement les *Voitures Versées* de M. Boïeldieu qui font fureur, à Paris... Comment trouvez-vous la musique de M. Boïeldieu, Gaston ?

L'ABBÉ.

Gaston ne s'y connaît pas, madame la marquise... Il n'a étudié que le plain-chant qui sert à exprimer les louanges du Seigneur.

LA MARQUISE, *elle se met au piano et chante.*

Et puis mon piano sonne si faux ! et pas d'accordeur dans ce pays reculé, dans ces déserts !

LE MARQUIS.

Dans ces savanes, comme dirait M. de Château-briand !...

L'ABBÉ.

Je croyais que le sonneur de cloche était en même temps accordeur...

LA MARQUISE.

Jonas est sourd, comme tout sonneur de cloche... Quand il touche à mon piano, ce n'est plus une ou deux notes qui sont fausses, elles le sont toutes...

LE MARQUIS.

Alors, c'est comme si aucune ne l'était...

LA MARQUISE.

Vous en parlez à votre aise !...

LE MARQUIS.

Il me semble, ma chère amie, que vous êtes un peu nerveuse ?... Auriez-vous votre migraine ?...

LA MARQUISE.

Mais non !...

GASTON.

Seriez-vous souffrante, ma cousine ?...

LA MARQUISE, doucement.

Non ! Gaston ! je vous remercie.

GASTON.

Votre santé, ma chère cousine, m'est plus précieuse que la mienne...

LE MARQUIS, *à part.*

Hum !

L'ABBÉ.

Comme il est bien élevé... Ah ! ce n'est pas dans les lycées institués par l'Usurpateur, par leur M. de Buonaparte, qu'on trouverait cette belle éducation !...

LE MARQUIS, *à part.*

Excellent abbé !... (*Haut.*) Quant à vous, Gaston, puisque j'ai été absent durant les premiers jours de vos vacances, il faudra rattraper le temps perdu... Je vais vous accaparer, vous faire visiter mes terres ; nous monterons à cheval, nous irons chasser...

GASTON, *hésitant.*

Mais, ma cousine...

LA MARQUISE.

Me laisser seule, alors, c'est aimable...

L'ABBÉ.

Je pourrais, madame la marquise, vous tenir compagnie !...

LE MARQUIS.

Je ne suppose pas qu'il faille calfeutrer Gaston dans une serre chaude ! Ce n'est pas pour cela que sa mère nous l'a confié pendant ses vacances !...

LA MARQUISE.

Il est si délicat !...

GASTON.

Oh ! non, ma cousine, je suis très fort.

SCÈNE DEUXIÈME

L'ABBÉ.

Une âme chrétienne ne doit pas tirer vanité de ces avantages purement charnels...

LA MARQUISE.

Il finira par demander à retourner chez sa mère.

GASTON.

Oh ! non, ma cousine, je vous jure...

L'ABBÉ.

Gaston !...

LA MARQUISE.

Marquis, jouez, jouez au trictrac avec M. l'abbé, puisque ce jeu vous amuse !... Lisette, apportez les liqueurs, le marasquin : c'est le péché mignon de M. l'abbé. Gaston et moi nous causerons... C'est si bon de causer, n'est-ce pas, Gaston?

GASTON.

Oh ! oui, cousine, avec vous surtout !...

Le marquis et l'abbé jouent au trictrac. La marquise et Gaston causent en face sur un canapé. L'abbé masque le groupe au marquis. Jeu de scène du marquis se levant et guettant, de l'abbé qui se retourne sans comprendre

LA MARQUISE.

Mettez-vous là, Gaston, près de moi !...

L'ABBÉ, jouant.

Six et quatre !... A vous...

LA MARQUISE.

Voulez-vous me continuer la lecture que nous avions commencée.

GASTON.

Avec joie !...

L'ABBÉ, au marquis.

Pardon !... (Il se lève, va à la marquise, et lui dit.) Si madame la marquise pressentait quelques détails dangereux pour l'innocence de mon élève, elle aurait la bonté de les lui faire passer ! les livres d'aujourd'hui sont tous si corrupteurs !... (Il revient à son jeu. Le marquis jette les dés.) Six et quatre !... aussi !...

GASTON, lisant.

« La chaste Anaïs ne semblait pas s'apercevoir du ravage qu'avait causé dans l'esprit de son noble cousin la vue continuelle de ses charmes... »

LA MARQUISE.

Plus bas, Gaston, vous dérangeriez les joueurs.

GASTON, très bas.

« ...De ses charmes... La cruelle n'encourageait pas cet amour contenu et discret, qui se cachait à tous les yeux, pour ne se laisser voir que par les deux seuls qu'il eût intérêt à éclairer... » — Cousine, croyez-vous vraiment que la chaste Anaïs ne se fût pas aperçue de l'amour de son noble cousin...

LA MARQUISE, embarrassée.

Je ne sais pas... Nous le saurons sans doute tout à l'heure.

L'ABBÉ, au marquis.

Marquis, vous n'êtes pas au jeu... Vous me prenez mes jetons...

LE MARQUIS, regardant du côté de Gaston.

On me prend bien autre chose à moi...

L'ABBÉ, se retournant.

Un voleur dans cette maison !...

LE MARQUIS.

Non !... Jouez donc.

GASTON, à la marquise.

Je ne comprends pas l'insensibilité de la chaste Anaïs.

LA MARQUISE.

C'est que vous avez l'âme tendre, je l'ai vu...

GASTON.

Plus qu'on ne croit... Bien souvent, je l'avoue, avec contrition, au lieu d'écouter les saintes leçons de mon bon maître, je rêve à un idéal, à mon idéal.

LA MARQUISE.

Comment est-il cet idéal ?

GASTON.

A peu près comme vous... (Lisant avec précipitation.) « Rodolphe l'âme consumée de désirs, passait des heures entières à attendre que l'image de sa belle cousine apparût, à la fenêtre de la tourelle, éclairée par les rayons empourprés du soleil couchant. »

L'ABBÉ, se retournant.

Ne lisez pas trop haut, pas trop vite, Gaston. Vous avez le poumon délicat, les bronches faibles.

LE MARQUIS.

Mais le cœur chaud.

L'ABBÉ.

C'est constitutionnel, de père en fils, dans la famille... Trois et quatre.

LA MARQUISE.

Nous nous reposons en discutant.

L'ABBÉ.

De la discussion jaillit la lumière, a dit saint Jean Chrysostôme... Deux et as.

GASTON.

Mon idéal, c'est une dame au profil divin comme celui d'une madone, aux yeux bleus comme le ciel... Vous voyez bien qu'il vous ressemble... J'ai peur qu'en se levant vers elle mon regard impie ne la fasse remonter au firmament. Je voudrais orner pour elle un autel, objet d'une fervente dévotion, et je réciterais tout bas les plus pures prières que je pourrais me rappeler à sa convenance...

LA MARQUISE.

Quels nobles sentiments! Et vous ne les avez révélés à personne encore?

GASTON.

Oh non!... je n'ose pas!

LA MARQUISE.

Vous avez promis de vous taire!...

GASTON.

Promettre eût été avouer, et... je n'ose pas avouer... encore...

LA MARQUISE.

Vous attendez.

GASTON.

J'attends qu'on m'encourage. (Lisant avec précipitation.) «... Les rayons empourprés du soleil couchant. Souvent la lune, le soir, le retrouvait au même endroit... »

L'ABBÉ, se retournant.

N'est-ce pas qu'il lit bien?... Ah! j'ai tenu beaucoup à ce que Gaston sût lire convenablement... La lecture est ce qui distingue l'homme de la bête, disait un jour devant moi l'auteur du *Mérite des Femmes*, M. Legouvé.

Tombe aux pieds de ce sexe, à qui tu dois ta mère!...

LE MARQUIS, à l'abbé.

Jouez, jouez donc!...

LA MARQUISE, à Gaston.

Vous avez une pureté de sentiments dont une femme sera heureuse de se sentir un jour l'objet.

GASTON.

Si Dieu veut que mon cœur s'attache à une personne que sa fierté m'oblige à respecter, je savourerai la volupté des dévouements ignorés... J'aimerai sans le dire... On m'a appris à ne laisser voir mon amour que pour les choses saintes...

L'ABBÉ, au marquis.

M. le Marquis, vous avez vraiment trop de chance!...

LA MARQUISE.

Moi aussi, j'ai un idéal! J'aimerais à me dévouer!...

Le marquis n'a pas besoin de dévouement!.. Il est si heureux...

GASTON.

Oh! oui...

LA MARQUISE.

Je voudrais rencontrer une âme malheureuse, mélancolique et tourmentée...

GASTON.

Il y en a beaucoup!...

LA MARQUISE.

Je n'en veux qu'une!... Sacrifiant toute idée que pourraient faire naître ma jeunesse, mon âge, mes faibles charmes, elle me confierait ses plus secrètes pensées... Je lui confierais les miennes propres, car j'en ai quelquefois qui me montent du cœur aux lèvres et que je brûle de communiquer à cette âme sœur de la mienne...

GASTON.

Ma cousine, je suis bien malheureux!...

L'ABBÉ, se levant.

Monsieur le marquis a gagné!...

GASTON, reprenant sa lecture.

«... Au même endroit, sans qu'il se fût aperçu du vol rapide des heures, pendant sa contemplation muette... »

LE MARQUIS, venant au canapé.

Comme Gaston est pâle.

L'ABBÉ.

Vous avez lu trop vite, Gaston. Je me repens de n'avoir pas modéré votre ardeur !...

LE MARQUIS, à part.

Et comme vous êtes rouge, chère amie.

LA MARQUISE.

Il fait si étouffant, ici... J'irais volontiers respirer... Le temps d'aller au bassin des cygnes...

LE MARQUIS.

C'est cela ; vous leur donnerez à manger de votre blanche main.

GASTON.

Les heureuses bêtes que ces cygnes !... Car ils restent toujours, eux, tandis que moi, il me faut partir.

LA MARQUISE.

Comment cela ?... n'êtes-vous pas bien ici ?

GASTON.

Mais, ma cousine, et cette lettre de ma mère que j'ai reçue aujourd'hui ?

LA MARQUISE.

Hé bien ?

GASTON.

Ma mère trouve que mon séjour se prolonge trop, elle craint que je ne vous importune.

L'ABBÉ.

Sans doute, il faut retourner à vos études, il faut obéir à votre mère.

LE MARQUIS.

Voilà qui est bien.

LA MARQUISE.

Je la trouve exigeante... Voilà huit jours à peine que Gaston est ici... Dans l'intérêt de sa santé, il faut qu'il reste, et... et je compte, si mon mari y consent, écrire à ma cousine que nous gardons, son fils et vous, M. l'abbé, quelques jours de plus...

LE MARQUIS, à part.

Voilà qui n'est plus si bien !...

L'ABBÉ.

Madame la marquise, ne craignez-vous pas pour mon élève que des vacances trop prolongées...

LA MARQUISE.

Qu'est-ce que vous me dites là ?... J'écrirai à ma cousine ce soir pour qu'il n'en soit plus question... Marquis, vous ajouterez un mot... Gaston, votre bras.

LE MARQUIS.

Nous sortons avec vous...

LA MARQUISE.

Non, vous pouvez rester... vous êtes fatigué de votre voyage. Reposez-vous, mon ami, avec M. l'abbé...

La marquise et Gaston s'apprêtent à sortir.

LE MARQUIS, à part.

Qui eût pensé que ce maudit gamin troublerait l'âme de la marquise... Ah ! que la solitude est mauvaise conseillère !...

L'ABBÉ, allant à Gaston.

Mon cher Gaston, je ne saurais trop vous recommander la prudence ! Ne vous échauffez pas à courir ! Ne vous refroidissez pas à demeurer en place ! Restez toujours auprès de madame la marquise !...

GASTON.

Je ne la quitte pas, monsieur l'abbé...

Ils sortent.

LE MARQUIS, sur le devant de la scène.

J'en suis bien sûr, petit cousin...

SCÈNE III

L'ABBÉ, LE MARQUIS.

L'ABBÉ, regardant Gaston et la marquise s'éloigner.

Comme ils sont gentils !

LE MARQUIS.

Trop gentils ! Ah ! monsieur l'abbé, je vous fais compliment !

L'ABBÉ.

Oh ! monsieur le marquis, mon élève avait de si heureuses dispositions ! Je n'ai pas eu de mérite à les développer.

LE MARQUIS.

Vous ne me comprenez pas. Vous ne voyez donc pas ce qui se passe?

L'ABBÉ.

Ce qui se passe?

LE MARQUIS.

Avez-vous été au théâtre?

L'ABBÉ.

Oh! monsieur le marquis, comment pouvez-vous m'adresser une pareille question?...

LE MARQUIS.

Au fond d'une baignoire?

L'ABBÉ.

Une baignoire dans un théâtre! cela doit être bien inconvenant!

LE MARQUIS.

Hé bien! on y joue quelquefois une pièce d'un auteur de quelque talent, où un gamin de seize ans, nommé Chérubin, fait la cour à une comtesse et s'en fait aimer... Pendant que je voyageais et que vous travailliez à la bibliothèque, Gaston comme Chérubin faisait la cour à ma femme!...

L'ABBÉ.

Gaston! votre femme! Je deviens fou! Madame la marquise vous l'a dit?...

LE MARQUIS.

Si elle me l'avait dit, je n'aurais pas besoin de vous en parler!...

L'ABBÉ.

Quelle épouvantable aventure !... Mais c'est impossible... Madame la marquise est une trop honnête femme !

LE MARQUIS.

La marquise est assurément une très honnête femme, mais Gaston est jeune et je suis vieux ! J'ai quarante-cinq ans bien comptés.

L'ABBÉ.

Je croyais cinquante-cinq.

LE MARQUIS.

C'est ce que j'appelle quarante-cinq ans bien comptés et à eux deux ils en ont tout au plus quarante !

L'ABBÉ.

Vos calculs sont justes, mais je ne vois pas en quoi ils se rapportent à l'effrayante supposition que vous faites.

LE MARQUIS.

Vous ne voyez pas... (L'emmenant un peu.) Regardez... là-bas près des cygnes... Ne voyez-vous pas ?...

L'ABBÉ.

Je vois... Gaston et madame la marquise...

LE MARQUIS.

Gaston se tient tout près d'elle... Il effleure son bras...

L'ABBÉ.

Gaston se penche... madame la marquise trempe

ses mains dans l'eau... elle recule... Le grand cygne noir l'a mouillée... Gaston tire son mouchoir... Il l'essuie !

LE MARQUIS.

Voyez comme il l'essuie !... Ce sont les préliminaires.

L'ABBÉ.

Les préliminaires de quoi ?

LE MARQUIS.

Nous sommes à la première période.

L'ABBÉ.

La première période de quoi ?

LE MARQUIS.

La marquise est nerveuse avec moi... Gaston est empressé auprès d'elle.

L'ABBÉ.

C'est un des bienfaits de son éducation : de bonnes manières autant que de bons préceptes...

LE MARQUIS.

La deuxième période approche...

L'ABBÉ.

La deuxième...

LE MARQUIS.

Ces promenades dans l'idéal ne me conviennent pas : c'est un pays où mon âge ne me permet plus d'aller et je n'aime pas beaucoup que ma femme y voyage sans moi. Je connais le danger de ces excursions poétiques, il suffit d'un hasard, d'une occasion...

L'ABBÉ.

Mais je ne laisserai pas devant moi...

LE MARQUIS.

Oh ! ce ne sera pas devant vous !...

L'ABBÉ.

Que faire, mon Dieu, que faire ?

LE MARQUIS.

Il n'y a qu'un moyen ! Il faut que Gaston quitte le château !... Ramenez-le à Paris.

L'ABBÉ.

Mais puisque madame la marquise ne veut pas.

LE MARQUIS.

Raison de plus !

L'ABBÉ.

Peut-être que si vous lui demandiez vous-même, elle consentirait ?

LE MARQUIS.

Que je demande à ma femme l'expulsion de cet enfant ! Ce serait ridicule : elle ne me le pardonnerait jamais...

L'ABBÉ.

Mais alors !

LE MARQUIS.

Comment ! vous n'avez pas assez d'autorité pour faire obéir votre élève !... N'êtes-vous pas le maître !... Décidez vous-même le départ.

L'ABBÉ.

C'est vrai, je suis le maître. Je vais appeler Gaston.

LE MARQUIS.

Bien.

L'ABBÉ, très agité.

C'est cela ! je ferai acte d'autorité... Mon Dieu que dira sa mère, elle qui l'a voué au blanc... Oui, je suis le maître, je vais parler à mon élève !... Lui un agneau du bon Dieu!... Et tenez, je vais pouvoir lui parler tout de suite... La pluie commence à tomber... Madame la marquise rentre dans son appartement... Vous allez voir, monsieur le marquis... Vous allez voir...

LE MARQUIS.

Je vais voir!... je ne suis pas très sûr de ce que je vais voir.

SCÈNE IV

LES MÊMES, GASTON. Le Marquis, se retire dans le fond de la scène, et observe Gaston.

L'ABBÉ, à Gaston.

Approchez, Gaston ! (A part.) O mon Dieu, pardonnez-moi d'avoir apporté dans cette maison le trouble des passions humaines !...

GASTON.

Monsieur l'abbé ?

L'ABBÉ.

Gaston, quelles sont vos pensées intimes en ce moment?

GASTON, les yeux baissés.

Monsieur l'abbé, je ne songe, comme vous me l'avez toujours conseillé, qu'à me fortifier dans la pratique de la vertu...

L'ABBÉ.

Bien. Cette louable résolution n'a-t-elle subi aucun assaut depuis notre séjour dans ce château?...

GASTON.

Aucun, monsieur l'abbé...

L'ABBÉ.

Le démon, vous le savez, se cache sous les apparences les moins attendues et les plus flatteuses pour nous entraîner au péché...

GASTON.

Mon ange gardien veille sur moi.

L'ABBÉ.

Si votre âme éprouve quelque tentation, si séduisante qu'elle soit, il faut me le dire.

GASTON.

Si j'étais jamais tenté par le démon, monsieur l'abbé, je penserais à vous et je le repousserais.

L'ABBÉ.

Très bien. Vos rêves sont toujours calmes!...

GASTON.

Oh! si calmes, si doux!

L'ABBÉ.

Avez-vous pour nos hôtes la décente gratitude dont leurs bontés vous font un devoir?

GASTON.

Oh! oui!... Je ne crains que de les lasser, de les gêner...

L'ABBÉ, à part.

Que me disait donc M. le marquis!... Gaston aurait-il si grand souci de lui à la veille de... le ternir. (Haut.) C'est bien, mon cher fils!... Persévérez dans ces sentiments qui vous guideront vers la parfaite vertu... (Tirant un livre de sa poche.) Pour ne point perdre les bonnes habitudes de travail que je vous ai fait contracter, vous m'apprendrez les cinquante premiers vers du premier chant de l'Enéide... (Gaston va s'asseoir à la petite table de gauche.) Vous me les réciterez tout à l'heure! (Au marquis.) Oh! monsieur le marquis, comment pouvez-vous supposer... Je lui ai parlé, à mon élève... Il m'a répondu dans un langage si chaste, si candide, si modeste, que vous auriez eu comme moi, plaisir à l'entendre.

LE MARQUIS.

Et votre départ!...

L'ABBÉ.

Notre départ?... mais, monsieur le marquis, devant des accents si honnêtes, je n'ai pas cru devoir insister...

LE MARQUIS, à part.

Il n'y a rien à faire de l'abbé. (Haut.) Vous avez bien fait... Vous êtes rassuré, je suis rassuré.

L'ABBÉ.

Et puisque nous sommes rassurés... vous n'avez plus besoin de moi.

LE MARQUIS.

Non ! non !

L'ABBÉ.

Je vais pouvoir retourner à la bibliothèque.

LE MARQUIS.

Oui.

L'ABBÉ.

J'ai découvert en votre absence un superbe Saint Thomas : *Summa contra Gentiles*, une édition unique, rarissime... je suis sûr que vous n'en soupçonniez même pas l'existence !

LE MARQUIS.

Vous me le montrerez.

L'ABBÉ.

Avec plaisir... Ah ! je me suis enlevé un poids bien lourd de la conscience !... (A Gaston.) Apprenez vos cinquante vers, Gaston...

Il sort en récitant :

Arma virumque cano, Trojæ qui primus ab oris...

SCÈNE V

LE MARQUIS, GASTON, puis LISETTE.

Gaston est plongé dans son livre. Le marquis le regarde.

LE MARQUIS, à part.

Il lit Virgile... mais il pense à ma femme !... Et ma

femme pense à lui!... En suis-je là? Suis-je si vieux barbon que je ne pourrai triompher de ce Chérubin! (La nuit tombe. Le marquis sonne. Lisette entre.) De la lumière. (Elle sort.) Mais... Chérubin se fût contenté de Suzanne... Pourquoi Lisette ne me débarrasserait-elle pas de Gaston?... (Lisette rentre et apporte un flambeau qu'elle met auprès de Gaston.) Pas trop de bruit... Il travaille...

LISETTE.

Son latin! cela doit bien l'ennuyer!...

LE MARQUIS.

L'ennuyer!... C'est un jeune homme fort sérieux, il n'adore que le latin et, quand il est plongé dans ses livres, la plus jolie femme du monde ne pourrait l'en distraire...

LISETTE.

Oh! oh!

LE MARQUIS.

Ce oh! oh! est très impertinent! Moi, je gage qu'il n'a même pas remarqué les fraîches joues roses de notre Lisette!...

LISETTE.

Monsieur le marquis peut croire que je n'encourage pas M. Gaston à me faire la cour...

LE MARQUIS.

Il n'essaie pas!... Tu n'y as pas de mérite...

LISETTE.

Oh! oh! si je voulais!...

LE MARQUIS, à part.

Allons donc! (Haut.) Non! Lisette! tu perdrais ta peine... Notre cousin Gaston a une âme trop élevée, immaculée, mystique...

LISETTE.

Immaculée, mystique... Je ne connais pas tout cela! moi! Je n'ai pas l'expérience de monsieur le marquis, mais je crois que devant une femme qui... ne serait pas trop mal, M. Gaston qui est un homme... comme les autres... ferait comme les autres... Voilà...

LE MARQUIS, à part.

Elle est piquée au vif... Elle m'en débarrassera... Je les laisse aux prises...

Il sort.

SCÈNE VI

GASTON, LISETTE.

GASTON, lit tout haut.

Arma virumque cano, Trojæ...

Il étouffe un bâillement.

LISETTE, tournant autour de lui.

Monsieur Gaston a tout ce qu'il faut.

GASTON.

Oui, Lisette, oui !

LISETTE.

Monsieur Gaston n'a besoin de rien?

GASTON.

Moi, Lisette ! non.

LISETTE.

Il ne faut pas que monsieur Gaston se gêne parce que je suis la camériste de sa cousine : c'est tout comme si j'étais celle de monsieur, puisque monsieur est le cousin de madame la marquise.

GASTON.

Arma virumque cano....

LISETTE.

Comme monsieur Gaston travaille !... Moi je trouve que M. Gaston a tort de travailler tant que cela... monsieur n'est pas raisonnable... Il ferait mieux de profiter de la campagne qui est si belle, du grand air qui est si pur... M. Gaston n'est pas venu ici pour pâlir son teint en lisant dans les livres, mais pour le brunir en courant dans les bois.

GASTON.

J'y suis allé aussi, Lisette, dans les bois...

LISETTE, *haussant les épaules.*

Peuh ! . avec l'abbé, qui, sauf le respect que je lui dois, est un peu poussif... Ah ! si monsieur Gaston voulait me le permettre, je lui montrerais un jour, dans les environs... pas bien loin, des belles choses qu'il ne connait pas... et où M. l'abbé n'est jamais allé...

GASTON.

Nous demanderons à mon précepteur, Lisette !...

LISETTE.

Votre précepteur ! Est-ce que cela le regarde? Vous n'avez pas besoin de lui dire tout ce que vous faites, à l'abbé! Comme si un beau grand garçon de seize ans, comme vous...

GASTON.

Tu me flattes, Lisette !...

LISETTE.

... Doit être surveillé comme une petite fille... Ah ! bien, si c'était moi, ce ne serait pas long...

GASTON.

Qu'est-ce que tu ferais?...

LISETTE.

Si j'étais homme, à votre place, ce que je ferais!... Ah! par exemple, c'est tout de même drôle que ce soit moi qui vous le dise!... ce que je ferais!... (On entend du bruit, le marquis paraît à la porte.) Voilà monsieur le marquis... Je vous le dirai un autre jour... (A part.) Comme c'est dommage tout de même!... Un si gentil garçon!... Ah! les hommes sont quelquefois bien bêtes!...

GASTON, se replonge dans son livre.

Arma virumque cano...

Lisette sort.

SCÈNE VII

LE MARQUIS, GASTON.

LE MARQUIS, *entrant.*

Les hommes sont bien bêtes!... Allons! Lisette ne lui suffit pas!... Alors, les grands moyens!... A nous deux, mons Gaston!...

Il s'avance et tape sur l'épaule de Gaston.

GASTON, *surpris.*

Madame!

LE MARQUIS.

Non!... monsieur!

GASTON.

Oh! pardon! Je pensais à ma mère!...

LE MARQUIS.

Je n'en doute pas... Et cependant ce front soucieux, ces yeux rêveurs, ces paupières alanguies, tout cela m'indique qu'on pense peut-être à quelque femme plus jeune...

GASTON.

Moi, mon cousin!... Pourquoi penserais-je à une autre femme qu'à ma mère?...

LE MARQUIS.

Allons, voyons! vous avez seize ans, tout près de dix-sept, à cet âge-là, que diable on n'est plus si naïf et quand une jolie femme passe, comme tout à l'heure...

GASTON.

Une jolie femme! Qui donc?...

LE MARQUIS.

Hé bien! .. Lisette!...

GASTON, sur le ton d'une leçon apprise.

Le démon, il est vrai, se cache sous les apparences les plus flatteuses et les moins attendues pour nous entraîner au péché.

LE MARQUIS.

Gaston... vous n'êtes pas avec l'abbé... Vous pouvez parler à cœur ouvert...

GASTON.

Mais, je vous assure!...

LE MARQUIS.

Gaston, vous êtes amoureux.

GASTON.

Mais je vous jure... Si mon âme venait à éprouver quelque tentation...

LE MARQUIS.

Laissons là ce jargon... Que diable!... Vous me faites de la peine vraiment... l'amour vous rend malade, c'est visible!... Je devine... Nous n'osons pas nous déclarer, faire ce qu'il faut... Ai-je deviné?

GASTON.

Vous n'en direz rien à monsieur l'abbé au moins?

LE MARQUIS.

Enfant! certainement, non, je ne dirai rien à monsieur l'abbé... O candeur! vous prenez encore les femmes pour des anges du bon Dieu, pour des saintes Vierges!... Ce sont elles qui font courir ce bruit-là... Mais elles nous trompent... Elles sont filles d'Ève et du diable!... du diable surtout!

GASTON.

Toutes?

LE MARQUIS.

Toutes! Il suffit d'oser pour réussir...

GASTON.

Je voudrais bien oser, mais... Vous n'en direz rien monsieur l'abbé?

LE MARQUIS.

Non... non...

GASTON.

Je voudrais, mais je ne sais pas...

LE MARQUIS.

Peuh! c'est si facile!...

GASTON.

Facile! Seigneur! comme vous en parlez!...

LE MARQUIS.

C'est bien simple: vous avez vu courre un cerf... Vous savez que le chasseur doit avoir l'œil vif, le jarret solide, hé bien! une femme se conquiert comme on force une biche. Ne lui laissez ni trêve, ni repos!.. Pas de délai surtout : ne remettez pas au lendemain, la faute des vieux, c'est de toujours remettre au lendemain... Une femme, mon cher Gaston, a besoin d'un maître vigoureux; la plus douce n'obéit qu'à un bras de fer. Pas de poésie, vous seriez perdu; de l'audace, de l'audace, comme disait un de ces infâmes révolutionnaires, et toujours de l'audace...

GASTON, timidement.

Mais comment a-t-on de l'audace?...

LE MARQUIS.

Comment? — J'étais comme vous : j'aimais avec la candeur de mes dix-sept ans une charmante jeune femme que ses parents avaient unie de force à un vieux barbon, comme je suis aujourd'hui. Depuis huit jours, je la voyais à toute heure et j'avais remarqué dans ses paroles, dans ses mouvements, quelque sympathie pour moi... Je devenais fou, malade. Un jour enfin, je ne sais quoi me poussa... Il y avait de l'orage, comme aujourd'hui! Avant d'entrer dans le boudoir où elle me recevait, je me rappelle, je passai par la salle à manger et je vidai d'un trait le reste d'un carafon de marasquin que je vis sur la table!... Il y en avait à peu près autant que dans celui-ci... (Il montre le carafon sur la table.) Aussitôt une force inconnue se développa en moi... J'entrai chez ma bien-aimée, les yeux allumés, l'audace aux lèvres, je fis quelques pas au hasard devant moi, j'éteignis les flambeaux et...

GASTON.

Qu'arriva-t-il?...

LE MARQUIS.

Ah ! ma foi, vous m'en demandez trop... (A part.) Elle me mit à la porte...

GASTON.

S'il suffit d'éteindre des flambeaux, de boire un peu de marasquin !...

LE MARQUIS, à part.

Allons donc !... C'est un peu scabreux ce que je fais là... Mais bah !... la fin justifie les moyens !... pour un mari de mon âge contre un amoureux de dix-sept ans ! toutes les armes sont légitimes !...

Le marquis sort.

SCÈNE VIII

GASTON, puis LISETTE.

GASTON, à part.

Ils sont drôles les conseils du marquis. S'il avait raison pourtant ! Je veux essayer avec Lisette. (Lisette traverse la scène.) Ah ! ah !... Lisette, tu t'en vas !... mais reste donc, Ah ! j'en ai assez de Virgile !... Il y a assez longtemps que je l'apprends !... Et puis on peut bien l'oublier devant une jolie fille comme toi...

LISETTE.

Ah ! çà, mais, qu'est-ce que vous avez, monsieur Gaston ; on vous a changé en un instant.

GASTON.

Oui, changé, transformé, métamorphosé.

LISETTE.

Vraiment !... Hé bien, là tant mieux ! car vous étiez, permettez-moi de vous le dire, un tantinet godiche.

GASTON.

Oui, n'est-ce pas, godiche !... Tu as raison ! j'étais godiche... Ah ! mais maintenant, je ne serai plus godiche... Tiens, toi, par exemple, Lisette : il y a un quart d'heure, je ne te regardais pas en face !...

LISETTE.

Je le voyais bien !...

GASTON.

Tandis que maintenant, eh ! bien, maintenant je te regarde... tu vois... je te regarde...

LISETTE.

Hé oui ! vous me regardez avec des gros yeux tout ronds même...

GASTON, avec fatuité.

Et je te trouve très gentille...

LISETTE, minaudant.

Monsieur est bien bon ..

GASTON.

Et je trouve que tu as de jolis yeux.

LISETTE.

Oh! monsieur!...

GASTON.

De jolies dents...

LISETTE.

Oh! monsieur!...

GASTON.

De jolies fossettes!

LISETTE.

Monsieur Gaston.....

GASTON.

Un joli cou, et j'ai une envie folle de t'embrasser.

LISETTE.

Monsieur est bien honnête!

GASTON.

Veux-tu que je t'embrasse, dis?...

LISETTE.

Si cela peut faire plaisir à monsieur, je ne demande pas mieux...

GASTON.

Comment déjà! (Gaston l'embrasse.) Encore?... Voilà, ce n'est pas plus difficile que cela!... Il a raison, mon cousin... Je sais ce que je voulais savoir.

LISETTE.

Qu'est-ce donc? Vous voilà tout refroidi.

GASTON.

Mais non, Lisette, mais non... Il est singulier que ma cousine tarde si longtemps.

LISETTE.

Madame la marquise! Ah! c'est elle qui lui trouble la cervelle!...

SCÈNE IX

LES MÊMES, LA MARQUISE.

LA MARQUISE, entrant.

Vous êtes seul, Gaston!...

GASTON, à part.

Ma cousine enfin!... (Haut.) M. le marquis est avec M. l'abbé dans la bibliothèque. (A Lisette.) Va donc, Lisette, va donc!...

Lisette sort.

LA MARQUISE.

Pourquoi vous a-t-on laissé seul, ce n'est pas aimable!...

GASTON.

Ma cousine, je ne m'en plains pas. La solitude est si bonne pour rêver!...

LA MARQUISE, *d'un ton sérieux et maternel.*

Il ne faut pas rêver toujours!... La rêverie est quelquefois dangereuse... Elle nous transporte dans un monde si beau qu'il paraît dur ensuite de revenir à la froide réalité.

GASTON, *hésitant.*

Il y a des réalités... si belles!... (*A part.*) C'est étrange, j'ai moins de courage qu'avec Lisette!...

LA MARQUISE.

Quel air singulier vous avez!...

GASTON.

Oui, n'est-ce pas, j'ai... j'ai chaud!...

LA MARQUISE.

C'est vrai, le temps est si lourd!...

Elle ôte son écharpe.

GASTON, *il prend l'écharpe de ses mains. — Empressé.*

Que je vous débarrasse de cette écharpe qui vous gêne!...

Il regarde les épaules de la marquise. Il boit un peu de marasquin.

LA MARQUISE.

Que faites-vous, Gaston?

GASTON.

Je... je prends du courage!...

LA MARQUISE.

Du courage, pourquoi ?...

GASTON.

Pour... pour vous parler !...

LA MARQUISE.

Pour me parler !... Mais voilà huit jours que vous me parlez... Suis-je donc devenue si terrible tout à coup ?...

GASTON.

Ce n'est pas la même chose... aujourd'hui.

LA MARQUISE.

Pourquoi ?

GASTON.

Ce soir... je veux... je voudrais... vous déclarer, vous dire...

LA MARQUISE.

Me dire quoi ? vous semblez tout troublé !...

GASTON

Oui, n'est-ce pas, je suis tout troublé.... Ah ! si vous croyez que cela est facile !... Je ne suis pas à mon aise, allez !... je n'ai pas l'habitude... C'est la première fois... Et puis vous ne m'aidez pas !...

LA MARQUISE.

Vous aider à quoi ?...

GASTON.

A parler !... Vous me faites peur !... vous ne me dites rien !...

LA MARQUISE.

Mais je n'ai rien à vous dire.... (Riant.) Allons... je vois ce que c'est... Il est tard... vous avez trop travaillé... Votre Virgile vous a endormi... Allez vous coucher... bonsoir...

Fausse sortie.

GASTON, fâché.

Mais ma cousine, je n'ai pas sommeil... Je ne me couche pas de si bonne heure... J'ai dix-sept ans. (D'un ton de reproche.) Vous me traitez comme un enfant...

LA MARQUISE, souriant.

Monsieur Gaston, je vous demande pardon... (Gracieuse.) Bonsoir !...

GASTON, l'arrêtant.

Ma cousine, ne partez pas... il faut que je vous dise... Ma cousine... je... je suis amoureux... (A part.) Je l'ai dit...

LA MARQUISE, revenant.

De quoi me parlez-vous là, Gaston?...

GASTON.

C'est vrai !... à quoi bon parler?... Les mots ne sont rien !... Mes regards vous en diront mille fois plus !...

LA MARQUISE.

Vous ne m'avez jamais rien dit de pareil !...

GASTON.

C'est que je me contenais !...

LA MARQUISE.

Vous dissimuliez !...

GASTON.

Mais je ne me contiens plus!... Je n'osais pas!... je ne savais pas!... Maintenant je sais comment les femmes veulent qu'on les aime!... Ce ne sont pas des anges du bon Dieu... les femmes!... elles le disent... Mais elles nous trompent!... Elles sont filles d'Ève... et du diable... toutes... Elles ne donnent leurs cœurs qu'aux audacieux!...

LA MARQUISE.

Les femmes veulent avant tout qu'on les respecte!...

GASTON.

Le respect, c'est bon pour les vieillards!... les vieux barbons!...

LA MARQUISE.

Gaston, vous avez parlé à ma femme de chambre!

GASTON.

Ah! si je voulais!... celle-là...

LA MARQUISE.

Taisez-vous, Gaston!... est-ce bien vous que j'entends? Je vous croyais des sentiments élevés et délicats, et vous parlez comme un libertin!... L'amour est une passion plus noble, plus désintéressée que vous ne pensez... L'homme vraiment épris craint d'outrager celle qu'il aime! Il se contente d'un sourire, d'un regard...

GASTON.

De la poésie!... non! non!... Ce n'est pas cela que les femmes veulent!... Ma cousine, avez-vous vu courre un cerf?... L'œil vif.. le jarret solide!...

comme les biches!... La plus douce n'obéit qu'à un bras de fer!... Ma cousine, voulez-vous du marasquin?...

LA MARQUISE.

Vous êtes fou!...

GASTON, avec chaleur, après avoir bu un verre de marasquin.

Oui, je suis fou, depuis que je suis entré dans cette maison, depuis que je vous accompagne, chaque jour dans vos promenades... que je vous entends jouer de la musique de M. Boieldieu, que nous donnons à manger aux cygnes, ensemble... Lorsque je lisais les infortunes de la chaste Anaïs, si vous saviez comme je pensais à vous! C'était vous, la chaste Anaïs, c'était moi son noble cousin! Ah! si vous vouliez me comprendre! Mais non, vous me rudoyez... moi qui ne pense qu'à vous! Ah! je le sens, si vous me repoussez, je n'aurai plus qu'à mourir! Vous êtes mon idole, ma vie! Ma cousine Valentine, je... je vous aime!... Ouf!...

LA MARQUISE.

Assez! assez! Ah! Gaston, vous m'ouvrez les yeux!... j'ai été bien coupable! Pouvais-je croire que nos innocents entretiens vous troubleraient l'âme à ce point!... J'avais pour vous l'affection d'une sœur aînée pour son frère! J'avais confiance en vous! je sens que j'avais tort! Quels remords vous me donnez!...

GASTON.

Vous avez des remords! c'est que vous m'aimez!...

Vous êtes malheureuse, n'est-ce pas, comme la chaste Anaïs... vous me l'avez dit... Confiez-vous à moi !

Il lui prend la main.

LA MARQUISE, se reculant.

Laissez-moi !... vous me faites mal !

GASTON.

C'est ce qu'il faut ! Un bras de fer... La hardiesse !... Valentine ! Valentine ! je t'aime !...

LA MARQUISE.

Ah ! c'est trop fort !...

GASTON.

Un baiser !...

Il s'avance comme pour l'embrasser.

LA MARQUISE.

Mais il a bu, le petit malheureux !...

GASTON, résistant.

Un baiser seulement !...

LA MARQUISE.

Monsieur ! si vous continuez, j'appelle !...

GASTON.

Appeler ! ne faites pas cela !... O ma Valentine adorée, que tu es belle, les cheveux au vent, ardente, passionnée.

Il approche.

LA MARQUISE.

N'approchez pas, je vous le répète. En vérité vous

oubliez qui je suis! n'approchez pas. Votre insolence dépasse les bornes! Plus un pas, vous dis-je... si je ne me retenais, je chargerais mes valets de vous apprendre à me respecter.

GASTON.

Valentine!

LA MARQUISE.

Vous allez partir, demain, tout de suite.

GASTON.

Tu me chasses!...

LA MARQUISE.

Vous retournerez chez votre mère!... je ne veux plus vous voir!...

GASTON.

Tu me chasses, mais tu m'aimes!...

LA MARQUISE.

Assez! votre présence m'est odieuse!... Je vous défends de m'adresser la parole!...

GASTON, il souffle le flambeau.

Un baiser, Valentine! Allons, de l'audace, de l'audace, comme l'infâme révolutionnaire!...

LA MARQUISE, irritée.

Oh! c'est trop fort, c'est intolérable!...

Elle sonne.

SCÈNE X

LES MÊMES, plus LISETTE, L'ABBÉ, LE MARQUIS.

LA MARQUISE, à Lisette.

Rallumez ces flambeaux, Lisette!

L'ABBÉ.

Qu'y a-t-il donc? Comme il fait sombre ici!...

LA MARQUISE.

Ce n'est rien, monsieur l'abbé! c'est le vent!...

LE MARQUIS, à part.

La marquise est irritée! Gaston est penaud!... Les grands moyens ont réussi!...

LA MARQUISE.

Monsieur l'abbé, M. Gaston et moi nous venons d'avoir un entretien fort sérieux. M. Gaston m'a dit qu'il tenait à partir tout de suite... Ses raisons m'ont convaincue! j'ai compris qu'on ne pouvait priver une mère malade de la joie d'embrasser son fils... C'est un cas de conscience...

LE MARQUIS.

Si c'est un cas de conscience, je n'insiste pas!...

L'ABBÉ.

Mais, madame la marquise, Gaston n'a pas songé que nous n'avons pas pris nos dispositions de départ .. que l'heure est bien tardive...

LE MARQUIS.

Ne vous inquiétez pas!... J'avais songé à vos préparatifs... à tout hasard. J'ai donné l'ordre d'atteler!... La voiture vous ramènera en deux heures à Paris... Un souper va vous être servi, monsieur l'abbé, et pour que vous gardiez un bon souvenir de votre séjour parmi nous, j'ai fait mettre dans le coffre ce saint Thomas qui vous plait tant...

L'ABBÉ.

Monsieur le marquis, vous pensez à tout!...

LE MARQUIS, à Gaston.

Gaston, nos vœux vous accompagneront à Paris! Dites-nous adieu! dites adieu à votre cousine!... Elle vous regrettera!... Vous lisez si bien! (A la marquise.) c'est moi maintenant qui vous lirai les malheurs de la chaste Anaïs, et bien que mes yeux soient un peu affaiblis par l'âge, je ferai de mon mieux...

LA MARQUISE.

Ah! mon ami, ne vous calomniez pas... vous avez le cœur plus jeune que tous nos jeunes gens d'aujourd'hui... En est-il un seul qui saurait me témoigner autant d'affection, d'estime et de respect que vous?...

GASTON, à part.

Je crois que le marquis s'est moqué de moi!...

LE MARQUIS, à Lisette.

Lisette, va aider M. Gaston à faire sa valise! (A part.) Je lui dois bien cette consolation!

LISETTE, à part.

On lui en donnera des marquises.

L'ABBÉ, à Gaston.

Allez, mon enfant ! Dieu vous récompensera de votre amour filial !... Hé bien ! monsieur le marquis, êtes-vous convaincu maintenant que vos soupçons étaient mal fondés...

LE MARQUIS.

Je m'en accuse avec contrition ! Gaston est un agneau sans tache !

FIN

IMPRIMERIE GÉNÉRALE DE CHATILLON-SUR-SEINE. — A. PICHAT

LE MAITRE DE FORGES, pièce en quatre actes et cinq tableaux, par Georges Ohnet (Gymnase Dramatique), in-18 . . . . 3 fr.

LE FILS DE PORTHOS, drame en cinq actes et quatorze tableaux, par Emile Blavet (Ambigu-Comique), in-18 . . . . 2 »

LES FILS DE JAHEL, drame en cinq actes, en vers dont un prologue, par Simone Arnaud (Odéon), in-18 3 50

SERGE PANINE, pièce en cinq actes par Georges Ohnet (Gymnase Dramatique), in-18. . . . . 2 fr.

« ALLÔ! ALLÔ! » comédie en un acte, par Pierre Valdagne (Vaudeville), in-18 . . . . 1 50

LA MAISON DES DEUX BARBEAUX, comédie en 3 actes, par A. Theuriet et H. Lyon (Odéon), in-18 . . . 2 fr.

TROP VERTS! proverbe en un acte, en vers, par Marcel Ballot, in-18. 1 50

DANS UNE LOGE, comédie en un acte, par Ludovic Denis de Lagarde (Déjazet), in-18. . . . . 1 50

ENTRE AMIS, comédie en un acte, par Ludovic Denis de Lagarde (Gymnase), in-18. . . . . 2 fr.

LE MARIAGE A LA COURSE, saynète en un acte, par Pierre Decourcelle, in-18 . . . . 1 »

MON FILS, pièce en trois actes, en vers, par Emile Guiard (Odéon), in-8 . . . . 3 50

LES NOCES DE MADEMOISELLE LORIQUET, comédie en trois actes, par E. Grenet-Dancourt (Cluny), in-18. 2 fr.

TROIS FEMMES POUR UN MARI, comédie-bouffe en 3 actes, par E. Grenet Dancourt. (Cluny) in-18. . . 2 »

LE FUMERON, comédie en un acte, par Léon Gandillot, in-18 . 1 50

MADEMOISELLE DE BRESSIER, drame en cinq actes, par Albert Delpit (Ambigu). . . . . 2 fr.

AU MONT IDA, comédie en un acte par Philippe de Massa, in-18. . . 1 50

MADELEINE, pièce en quatre actes, dont un prologue, d'après Wilkie-Collins, par R. du Pontavice de Heussey, in-18. . . . . 2 »

PRÊTE-MOI TA FEMME, comédie en deux actes, en prose, par Maurice Desvallières (Palais-Royal), in-18 . . . . 1 50

LE PRÉTEXTE, comédie en un acte, en prose, par Jules Legoux, (Vaudeville), in-18 . . . . 1 50

LE PÈRE DE MARTIAL, comédie en 4 actes, par Albert Delpit (Gymnase), in-18 . . . . 2 fr.

LE FILS DE CORALIE, comédie en quatre actes, en prose, par Albert Delpit (Gymnase). in-18. . . 2 fr.

THÉATRE DE JEUNES FILLES, par A. Carcassonne, in-18 . . . . 3 50

SMILIS, drame en quatre actes, en prose, par Jean Aicard (Comédie-Française), in-18. . . . . . 2 fr.

UN CRÂNE SOUS UNE TEMPÊTE, saynète par Abraham Dreyfus (Gaîté), in-18 . . . . 1 fr.

L'ASSASSIN, comédie en un acte, par Edmond About (Gymnase), in-18 1 50

UNE MATINÉE DE CONTRAT, comédie en un acte, par Maurice Desvallières (Comédie-Française). . . 1 50

L'HÉRITIÈRE, comédie en un acte, en prose, par E. Morand (Comédie-Française), in-18. . . . . 1 50

UN FÉTICHE, comédie en un acte, par Eugène Hugot (Palais-Royal), in-18. . . . . 1 50

LES DEUX PIGEONS, ballet en trois actes, d'après la fable de la Fontaine, par Henri Régnier et Louis Mérante, musique de André Messager (Opéra), in-18 . . . . 1 50

A L'ESSAI, comédie en un acte, par A. Caheu et G. Sujol (Fantaisies-Parisiennes), in-18. . . . . 1 50

BIGOUDIS, comédie en un acte d'Ernest d'Hervilly (Gymnase), in-18 . 1 50

LES CONVICTIONS DE PAPA, comédie en un acte, par E. Gondinet (Palais-Royal et Gymnase), in-18. . 1 50

DIVORCÉS! comédie en un acte et en vers, par L. Cressonnois et Ch. Samson, in-18 . . . . 1 fr.

DIVORÇONS-NOUS? comédie en un acte, par E. Grenet-Dancourt (Cluny), in-18. . . . . 1 fr.

POUR DIVORCER, comédie en un acte, par Victor Dubron, in-18 . . 1 50

LA FEMME, saynète en un acte, par E. Grenet-Dancourt (Palais-Royal), in-18. . . . . 1 fr.

LA GIFLE, comédie en un acte, par Abraham Dreyfus (Palais-Royal), in-18 . . . . 1 50

IMPRIMERIE GÉNÉRALE DE CHATILLON-SUR-SEINE. — A. PICHAT.

www.ingramcontent.com/pod-product-compliance
Ingram Content Group UK Ltd.
Pitfield, Milton Keynes, MK11 3LW, UK
UKHW020437230726
13925UKWH00004B/1740